Für Susan Clark

WAAGE

Im Einklang mit den Sternen leben

STELLA ANDROMEDA

ILLUSTRIERT VON EVI O. STUDIO

GROH

Einleitung 7

I.
Alles über die Waage

II.
Die Welt der Waage

III.

Mehr Astrowissen

Einleitung

Der Giebel des antiken griechischen Apollontempels in Delphi trägt die Inschrift: „Erkenne dich selbst." Sie ist eine der 147 delphischen Maximen, nach denen man leben sollte. Von Gott Apollon selbst soll diese Aufforderung zur Selbsterkenntnis stammen, und später ergänzte sie der Philosoph Sokrates um den Satz: „Ein unerforschtes Leben ist nicht lebenswert."

Der Mensch versucht auf vielfältige Weise, sich selbst kennenzulernen und sein Leben oder die Herausforderungen seines Daseins zu meistern, oft mithilfe von Therapien oder organisierten Glaubenssystemen wie Religionen. Wir wollen auf diesem Weg vor allem die Beziehung zu uns selbst und zu anderen besser verstehen lernen und Mittel finden, die uns das ermöglichen.

Die Astrologie bietet durch ihre symbolische Verwendung der Himmelskonstellationen, also der Darstellung der Tierkreiszeichen, der Planeten und ihrer energetischen Auswirkungen einige Ansätze für das Verstehen der menschlichen Natur und der Erfahrung. Viele Menschen empfinden dieses Wissen und das Potenzial, das darin steckt, als hilfreich, um Denkanstöße für eine erfülltere Lebensweise zu gewinnen.

Was ist Astrologie?

Einfach ausgedrückt, ist Astrologie das Studium und die Deutung des Einflusses, den die Planeten aufgrund ihrer Positionen im Raum zu einem bestimmten Zeitpunkt auf uns Menschen und unsere Welt nehmen können. Die angewandte Astrologie beruht auf einer Kombination aus dem faktischen Wissen über die Besonderheiten dieser Positionen und ihrer psychologischen Interpretation.

Astrologie ist weniger ein Glaubenssystem als eine praktische Lebenshilfe, die uns alte, überlieferte Weisheiten an die Hand gibt. Jeder Mensch kann lernen, die Astrologie für sich zu nutzen – nicht so sehr zum Wahrsagen oder um die Zukunft zu deuten, sondern als Wegweiser zu größerer Einsicht und einer achtsameren Herangehensweise an das Leben. Der richtige Zeitpunkt ist das A und O in der Astrologie. Die Kenntnis der Planetenkonstellationen und ihrer Beziehung zu bestimmten Zeiten zueinander kann uns bei der Wahl des richtigen Moments für manche Lebensentscheidungen helfen.

Zu wissen, wann größere Veränderungen im Leben anstehen können – aufgrund von Planetenkonstellationen wie einem rückläufigen Saturn (siehe S. 103) oder rückläufigen Merkur (siehe S. 104) – oder was eine Venus im siebten Haus bedeutet (siehe S. 85 und 98) und wie das im Licht der spezifischen Eigenschaften des eigenen Sternzeichens zu berücksichtigen ist: Dies alles sind Werkzeuge, die du zu deinem Vorteil nutzen kannst. Wissen ist Macht und die Astrologie kann ihren Teil dazu beitragen, die Höhen und Tiefen des Lebens, aber auch unsere Beziehungen gut zu meistern.

Die zwölf Sternzeichen

Jedes Stern- oder Tierkreiszeichen hat typische Eigenschaften, die den Menschen gemeinsam sind, die in diesem Zeichen geboren wurden. Dieses Zeichen ist dein Sonnenzeichen, das du wahrscheinlich schon kennst – und der übliche Ausgangspunkt, von dem aus wir unseren astrologischen Weg erkunden. Die Eigenschaften des Sonnenzeichens können sich individuell sehr stark zeigen, doch stellen sie nur einen Teil des Ganzen dar.

Wie wir auf andere wirken, wird meist von weiteren Faktoren beeinflusst, die man ebenfalls berücksichtigen sollte. So sind das Zeichen deines Aszendenten und deine Mondstellung genauso wichtig wie dein Sonnenzeichen. Du kannst dir auch dein Gegenzeichen ansehen, um herauszufinden, was deinem Sonnenzeichen vielleicht dazu verhelfen könnte, mehr Balance zu erreichen.

Im ersten Teil dieses Buchs lernst du dein Sonnenzeichen kennen. Im zweiten Abschnitt bist du dazu eingeladen, noch tiefer einzutauchen (siehe S. 74–105) und die Einzelheiten deines Geburtshoroskops zu erforschen. Damit wirst du einen viel größeren Einblick in die zahlreichen astrologischen Einflüsse gewinnen, die sich in deinem Leben zeigen können.

Die Sonnenzeichen

Die Erde braucht 365 Tage (exakt sind es 365,25), um die Sonne zu umrunden. Dabei scheint die Sonne einen Monat lang durch jedes Tierkreiszeichen zu wandern. Dein Sonnenzeichen ist somit das Tierkreiszeichen, in dem die Sonne zum Zeitpunkt deiner Geburt stand. Wenn du dein Sonnenzeichen und die deiner Familie, Freund*innen und Partner*innen kennst, ermöglicht dir das einen guten Einblick in die Charakter- und Persönlichkeitsmerkmale, die du mithilfe der Astrologie entdecken kannst.

Im Übergang geboren

Für Menschen, die gegen Ende des einen oder zu Beginn des nächsten Sonnenzeichens geboren sind, lohnt es sich, ihre genaue Geburtszeit herauszufinden. Astrologisch gesehen gibt es eigentlich keinen Übergang zwischen den Zeichen, denn jedes davon beginnt zu einem festen Zeitpunkt an einem bestimmten Datum, auch wenn dieser von Jahr zu Jahr etwas variieren kann. Wenn du unsicher bist, was dein Sonnenzeichen ist, kannst du es über dein Geburtsdatum, deine Geburtszeit und deinen Geburtsort genau bestimmen. Mit diesen Daten kannst du einen Astrologen aufsuchen oder du lässt sie durch ein Online-Astrologieprogramm laufen (siehe S. 108), um ein möglichst genaues Geburtshoroskop zu erstellen.

Stier

Lat.: Taurus

21. APRIL–20. MAI

Fixes Erdzeichen. Geerdet, sinnlich und den körperlichen Freuden zugewandt, ist der Stier von seinem Herrscherplaneten Venus mit Anmut und einem Sinn fürs Schöne ausgestattet – trotz seiner bulligen Darstellung. Charakteristisch ist seine unbeschwerte, unkomplizierte, wenn auch manchmal sture Lebenseinstellung. Gegenzeichen: das Wasserzeichen Skorpion.

Widder

Lat.: Aries

21. MÄRZ–20. APRIL

Astrologisch das erste Sternbild des Tierkreises, erscheint der Widder zur Frühjahrs-Tagundnachtgleiche. Kardinales Feuerzeichen; das Zeichen für Anfänge. Herrscherplanet ist Mars, der dafür steht, Herausforderungen dynamisch, energievoll und kreativ zu begegnen. Gegenzeichen: die luftige Waage.

Zwillinge

Lat.: Gemini

✷

21. MAI–21. JUNI

Veränderliches Luftzeichen. Zwillinge neigen dazu, beide Seiten eines Problems zu sehen, wobei der Herrscherplanet Merkur ihren schnellen Verstand beeinflusst. Zwillinge scheuen sich häufig vor Verpflichtungen und versinnbildlichen auch eine jugendliche Haltung. Gegenzeichen: der feurige Schütze.

Krebs

Lat.: Cancer

✷

22. JUNI–22. JULI

Kardinales Wasserzeichen, dargestellt mit starken Scheren. Der Krebs gilt als gefühlsbetont und intuitiv, er schützt seine Empfindlichkeit mit seiner Schale. Sie verkörpert auch die Sicherheit des Krebs-Zuhauses, dem dieses Zeichen verpflichtet ist. Herrscherplanet ist der mütterliche Mond. Gegenzeichen: das Erdzeichen Steinbock.

Löwe

Lat.: Leo

23. JULI–23. AUGUST

Fixes Sonnenzeichen. Der Löwe liebt
es zu glänzen. Er ist im Herzen ein
Idealist, positiv und über die Maßen
großzügig. Löwen-Geborene können
vor Stolz brüllen und so zuversicht-
lich wie kompromisslos sein, mit
großem Glauben und Vertrauen
in die Menschheit. Herrscherplanet
ist die Sonne. Gegenzeichen:
der luftige Wassermann.

Jungfrau

Lat.: Virgo

24. AUGUST–23. SEPTEMBER

Veränderliches Erdzeichen.
Die Jungfrau gilt als aufmerksam,
detailorientiert und häufig selbst-
genügsam. Die Jungfrau schöpft
aus einem scharfen, nicht selten
selbstkritischen Intellekt und ist
oft sehr gesundheitsbewusst.
Herrscherplanet ist Merkur.
Gegenzeichen: das Wasser-
zeichen Fische.

Skorpion

Lat.: Scorpio

24. OKTOBER–22. NOVEMBER

Fixes Wasserzeichen. Entsprechend neigt der Skorpion zu intensiven Gefühlen. Sein Tierkreiszeichen verbindet ihn mit der Wiedergeburt nach dem Tod. Herrscherplaneten sind Pluto und Mars. Wegen seiner starken Spiritualität und tiefen Emotionen braucht der Skorpion Sicherheit, um seine Kraft leben zu können. Gegenzeichen: das Erdzeichen Stier.

Waage

Lat.: Libra

24. SEPTEMBER–23. OKTOBER

Kardinales Luftzeichen mit Herrscherplanet Venus. Hier dreht sich alles um Schönheit, Gleichgewicht (dargestellt durch die Waage) und Harmonie in einer eher romantischen, idealen Welt. Mit ihrem Sinn für Ästhetik können Waagen sowohl künstlerisch als auch handwerklich sein. Sie schätzen außerdem Fairness und sind oft sehr diplomatisch. Gegenzeichen: der feurige Widder.

Schütze

Lat.: Sagittarius

23. NOVEMBER–21. DEZEMBER

Veränderliches Feuerzei-
chen, bei dem sich geistig
wie körperlich alles um
Reisen und Abenteuer dreht.
Schützen haben eine direkte
Herangehensweise, sind
optimistisch und stecken
voller Ideen. Sie lieben es,
freien Lauf zu haben, neigen
aber zu Verallgemeinerun-
gen. Herrscherplanet ist der
gutwillige Jupiter. Gegenzeichen: die luftigen Zwillinge.

Steinbock

Lat.: Capricornus

★

22. DEZEMBER–20. JANUAR

Kardinales Erdzeichen mit Herrscherplanet Saturn. Der Steinbock
gilt als harter Arbeiter und wird von
der trittsicheren wie verspielten
Ziegenart dargestellt. Er ist vertrau-
enswürdig und scheut sich nicht
vor Verantwortung. Oft sind Steinböcke sehr genügsam und haben
die Disziplin für selbstständige
Berufe. Gegenzeichen: das
Wasserzeichen Krebs.

Fische

Lat.: Pisces

✱

20. FEBRUAR–20. MÄRZ

Veränderliches Wasserzeichen, das stark auf seine Umgebung reagiert. Dargestellt durch zwei Fische, die, in entgegengesetzte Richtungen schwimmend, manchmal Fantasie und Realität verwechseln. Von Neptun beherrscht, ist die Welt der Fische fließend, fantasievoll und empathisch. Fische nehmen oft die Stimmungen anderer auf. Gegenzeichen: das Erdzeichen Jungfrau.

Wassermann

Lat.: Aquarius

✱

21. JANUAR–19. FEBRUAR

Trotz seiner Darstellung als Wassermann ein fixes Luftzeichen. Es wird beherrscht vom unberechenbaren Uranus, der alte Ideen mit innovativem Denken vom Tisch kehrt. Der Wassermann ist tolerant und weltoffen. Ganz auf Menschlichkeit bedacht, hat er soziale, gewissensgeleitete Ideale. Gegenzeichen: der feurige Löwe.

Alles über die

I.

Waage

Das Zeichen, in dem die Sonne zum Zeitpunkt deiner Geburt stand, ist der ultimative Ausgangspunkt, um deinen Charakter und deine Persönlichkeit durch den Tierkreis zu erforschen.

Ein kardinales Luftzeichen,
symbolisiert durch die Waage.

Herrscher ist der Planet Venus,
benannt nach der Göttin der
Schönheit, Liebe, Fruchtbarkeit
und des Wohlstands.

GEGENZEICHEN

Widder

LEBENSMOTTO

„Ich balanciere."

I.

Glücksfarbe

Blau in all seinen Schattierungen, vor allem in Pastelltönen.
Diese harmonischen Farben – weder aufdringlich noch knallig – spiegeln das elegante Flair der Waage perfekt wieder.
Sie wirken wie ein Seelenbalsam. Wenn es nicht zu uniform
werden soll, kannst du Accessoires in dunkleren oder
helleren Tönen wählen – Schuhe, Handschuhe,
Socken, Hüte oder sogar Unterwäsche.

Glückstag

Freitag. Nicht nur für die fleißig arbeitende Waage bedeutet
er das Ende der Arbeitswoche und die Aussicht auf Erholung.
Benannt ist der Tag nach der Göttin Frigg oder Frigga
aus der altnordischen Mythologie – dem Pendant zur
römischen Venus, nach der der Wochentag im
Französischen benannt ist, *vendredi.*

Glücksedelstein

Der Opal mit seinem inneren Feuer symbolisiert Hoffnung,
Treue und Selbstvertrauen. Wer ihn trägt, wird von tiefer
Erkenntnis erfüllt. Es heißt, dass Opale aus den Freuden-
tränen des Zeus über dessen Sieg gegen die Titanen
entstanden seien. Sie galten einst als Juwelen der Könige.

IV.

Orte

Die Liebe der Waage für alles Schöne erfüllt sich in geheimnisvollen und zugleich ästhetisch außergewöhnlichen Zielen wie Japan, Burma, Sibirien, Saudi-Arabien, Argentinien und den Fidschis. Im Einklang mit der Energie der Waage stehen die Städte Wien, Lissabon, Frankfurt und Kopenhagen.

V.

Ferien

Um sich zu erholen, braucht die Waage eine ansprechende Umgebung, in der sie sich entspannen kann. Aber auch intellektuelle Inspiration in Form von Kunst, Architektur, Musik oder Tanz darf vor allem bei Städtereisen nicht fehlen. Musikfestivals können die Waage durchaus reizen, aber mindestens eine Glamping-Unterkunft muss schon sein – ein schlammiger Zeltplatz und die Waage passen so gar nicht zusammen!

VI.

Blumen

Die prächtigen Blüten der blauen Hortensie sprechen den
Sinn der Waage für Stil und Schönheit an. Chrysanthemen
mag sie wegen ihrer vielfältigen Blautöne.

VII.

Bäume

Der zierliche Mandelbaum mit seinen wundervoll
duftenden Blüten passt ebenso zur Waage wie die
schlanke, dunkle Zypresse und der als Symbol
des Friedens geltende Olivenbaum.

VIII.

Haustiere

Man könnte meinen, ein extravagantes Tier wie eine
Schlange würde gut zur Waage passen, doch ihre Liebe
zu edler Schönheit und ihr Harmoniebedürfnis sprechen
für einen seidigen Cavalier King Charles Spaniel.

Feste

Die Waage zieht es als Gastgeber*in vor, wenn auf ihrer perfekt geplanten und durchgestylten Kostümparty die Gäste eher in einer griechischen Toga erscheinen als allzu knallig und schräg. Zur Unbeschwertheit und Kontaktfreudigkeit des Luftzeichens Waage passt Prickelndes wie zum Beispiel Champagner-Cocktail mit einem Schuss Pfirsichlikör.

Die Eigenschaften der Waage

Die Waage wird vor allem durch Schlüsselbegriffe wie Balance, Harmonie und Diplomatie charakterisiert. Grundsätzlich darum bemüht, eine angenehme und friedliche Atmosphäre zu schaffen, wählt sie ihre Worte mit Bedacht und ist zudem eine gute Zuhörerin. Sie ist auch das Tierkreiszeichen, das Streit am meisten verabscheut. Dies steht nicht im Widerspruch dazu, dass die Waage eine lebhafte Diskussion durchaus zu schätzen weiß. Ihrem astrologischen Symbol entsprechend, genießt sie es geradezu, gegensätzliche Pro- und Kontra-Argumente abzuwägen. Wegen ihres ausgeprägten Gerechtigkeitssinns und ihrer Toleranz fällt es ihr leicht, unterschiedliche Positionen zu akzeptieren. Die Fähigkeit, ihren Verstand über ihre Emotionen zu stellen, ist häufig von Vorteil für die Waage, auch wenn sie deshalb manchmal etwas reserviert und kühl erscheint. Im Extremfall kann die Neigung der Waage, stets für alles Verständnis zu zeigen, gar Misstrauen gegenüber ihrer Aufrichtigkeit erregen. So wird dieser Balanceakt zuweilen als taktisches Lavieren interpretiert. Die Waage sollte sich daran erinnern, dass es ebenso wichtig wie Ausgewogenheit sein kann, einmal die eigene Meinung ungefiltert kundzutun.

Ihr Sinn für Symmetrie und Harmonie äußert sich häufig auch in ihrer Wertschätzung für alles Künstlerische, für das sie oft selbst Talent hat. Dies kann sich im Erschaffen oder Arrangieren schöner Dinge ausdrücken: ob bei Einrichtungsgegenständen oder einem dekorativ drapierten Handtuch. Häufig offenbart sich der gute Geschmack der Waage in der Eleganz ihrer Garderobe. Selbst gewagte Farben kombiniert sie mit lässiger Raffinesse und einem guten Auge fürs Detail. Was für andere als Luxus gilt, ist für die Waage ein Grundbedürfnis: seien es frisch gemahlene handgeröstete Kaffeebohnen, edle Bettwäsche mit 600er-Fadendichte oder eine regelmäßige Maniküre und ein stylisher Haarschnitt.

Stets freundlich, angenehm und mit guten Manieren sowie Konversationstalent reichlich gesegnet, hat die Waage in der Regel mehr gute Bekannte als enge Freund*innen. Das permanente Abwägen erschwert es ihr als ausgeprägtem Kopfmenschen, anderen zu vertrauen und enge Bindungen einzugehen. Diese Form von Unsicherheit wird von Dritten nicht selten als Arroganz oder Gleichgültigkeit fehlgedeutet. Da Beziehungen jedoch essenziell für das Wohlbefinden und die innere Balance der Waage sind, ist es für sie wichtig, dass sie an ihrer Fähigkeit arbeitet, Zutrauen zu fassen. Sind erste Bande des Vertrauens geknüpft, kann die Waage ihre Vorbehalte dauerhaft überwinden.

LUFT ZUFÄCHELN

Die charakteristischen Eigenschaften jedes Sonnenzeichens lassen
sich durch die Qualitäten anderer
Zeichen im gleichen Geburtshoroskop ausgleichen (oder manchmal
verstärken), insbesondere durch
die seines Aszendenten und des
Mondes. Wenn also jemand seinem
Sonnenzeichen nicht zu entspre-
chen scheint, ist das der Grund.
Allerdings werden die ursprüng-
lichen Waage-Aspekte immer als
wichtiger Einfluss vorhanden sein
und die Lebenseinstellung
von Waage-Geborenen
beeinflussen.

Körper und Gesundheit

Ihre natürliche Anmut und ihr elegantes Auftreten verleihen der Waage, egal ob weiblich oder männlich, eine vornehme Aura. Anders als der Widder, zu dem sie in Opposition steht, stürmt sie nicht mit dem Kopf durch die Wand, sondern agiert mit Bedacht. Dies drückt sich auch in ihrer Körpersprache aus. Ihre zumeist gute Körperhaltung und Koordination prädestiniert sie für physische Aktivitäten, die eine perfekte Balance voraussetzen, wie etwa Gymnastik oder Tanz. Ein attraktives Aussehen ist der Waage wichtig: Sie möchte nicht aus der Form geraten und man wird sie niemals mit farblich unpassenden Strümpfen bekleidet sehen. Die Waage sieht sogar in einer Jogginghose noch elegant aus.

Gesundheit

Die gesundheitlichen Schwachstellen des Tierkreiszeichens Waage sind vor allem die Nieren sowie der untere Bereich des Kreuzbeins, aber auch die Haut kann zu Überempfindlichkeit und zu Unreinheiten neigen. Ein ausgeglichener Säure-Basen-Haushalt stabilisiert die Nierenfunktion und entgiftet gleichzeitig den Körper, was wiederum der Haut guttut. Die Waage sollte unbedingt auf eine ausreichende Flüssigkeitszufuhr, ebenso auf genügend Schlaf und sportliche Betätigung achten. So wird die Rückenmuskulatur nachhaltig gestärkt und der empfindliche Kreuzbeinbereich geschützt.

Sport und Bewegung

Regelmäßig, aber maßvoll ausgeübter Sport ist genau das Richtige für die Waage und Rückengymnastik sollte unbedingt dabei sein. Auch Tanzen oder Sport zu Musik eignen sich für die Waage, ebenso wie das anmutige Tai-Chi oder Pilates zur Rückenstärkung. Je ästhetischer ein Sport ist, desto mehr Gefallen findet die Waage daran.

So kommuniziert die Waage

Als Luftzeichen ist die Waage außerordentlich talentiert dafür, sich sprachlich gut auszudrücken, da ihr die Worte nur so zufliegen. Sie findet großen Gefallen daran, kreativ mit Sprache umzugehen, und liebt Gespräche und Diskussionen. Die Fähigkeit, bei jedem Thema Pro und Kontra sorgfältig zu beleuchten, kann allerdings dazu führen, dass es zu einer ausgiebigen Erörterung kommt, wenn eigentlich ein klares Ja oder Nein genügen würde. Und so, wie sie gern ehrliche Komplimente verteilt, hält sie auch mit ehrlicher Kritik nicht hinter dem Berg, wenn sie gefragt wird. Sie kann mindestens so gut zuhören, wie sich sprachlich ausdrücken, was sie als Vertraute*r und Ratgeber*in beliebt macht. Die Waage sollte bei aller Wortgewandtheit aber nicht aus den Augen verlieren, dass manchmal eine Tat mehr sagt als tausend Worte.

Berufe für die Waage

Auf beruflichem Gebiet glänzt die Waage wie viele andere Luftzeichen vor allem in der Welt der Gedanken und des Intellekts. Sie hat eine besondere Vorliebe für das gesprochene und geschriebene Wort, was ihr in vielen Tätigkeitsbereichen sehr zugutekommt. Die grundsätzlich sozial eingestellte Waage arbeitet lieber im Team als allein. Fairness und Ausgewogenheit sind ihr wichtig, weshalb sie sich von der Juristerei angezogen fühlt. Dort kann und muss sie objektiv argumentieren und abwägen, um zu gerechten Urteilen zu kommen.

Der Bereich der Kunst und Kultur ist ein weiteres beliebtes Berufsfeld für die Waage, die in einem ästhetischen Ambiente aufblüht. Nicht nur die bildende Kunst, sondern auch Musik und Theater und Museen bieten ihr ein solches Milieu zum Wohlfühlen. Deshalb kann die Waage ihre Stärken im Kunsthandel oder als Kurator*in von Ausstellungen überaus erfolgreich einsetzen. Ihr Interesse für alles Schöne könnte sie zudem in kreative Bereiche wie Grafikdesign oder Mode führen. Und auch eine Laufbahn als Performancekünstler*in oder eine Tanzkarriere sind keineswegs auszuschließen.

So tickt
die Waage

Ob als Freund*in oder Partner*in, wie kommt die Waage mit den anderen Tierkreiszeichen klar? Kenntnisse über die anderen Zeichen und deren Eigenschaften helfen dabei, Beziehungen zu Menschen einzuschätzen, die ähnlich oder völlig anders ticken. Die Astrologie trägt so dazu bei, Probleme und Reibungen im Umgang mit anderen nicht mit persönlichen Schuldzuweisungen zu vergiften.

Als Zeichen der Balance tut sich die Waage in der Regel leicht damit, Beziehungen zu harmonisieren. Doch wie sie genau tickt, hängt zum einen von ihrem Geburtshoroskop ab und zum anderen davon, ob bestimmte Planetenkonstellationen ihre typischen Eigenschaften fördern oder unterdrücken. Diese Frage gewinnt an Bedeutung, wenn Konflikte zwischen den Wesensmerkmalen der Waage und denen anderer Zeichen bestehen.

Die Waage-Frau

Die Waage-Frau ist schwer zu durchschauen, da sie stets darum bemüht ist, ihren Verstand und ihre Gefühle in Balance zu halten. Sie kann unausgeglichen wirken, da sie sich in einem Moment eine romantische Geste erlaubt, die sie jedoch im nächsten Augenblick schon wieder hinterfragt. Sie tut alles für ein perfektes Aussehen – von Kopf bis zu den Füßen. Sie möchte dafür aber bitte auch Komplimente ernten.

BERÜHMTE WAAGE-FRAUEN

Kim Kardashian und Gwyneth Paltrow mögen zwei sehr unterschiedliche Waage-Typen sein, doch ihre Vorliebe für extravagante Fingernägel und Yoga-Kurse verbindet die beiden. Serena Williams sieht selbst auf dem Tennisplatz noch stylish aus. Bella Hadid trägt immer den letzten Trend und Susan Sarandon zeigt auf dem roten Teppich jederzeit ihre Klasse.

Der Waage-Mann

Der Waage-Mann macht etwas her und bevorzugt Klasse statt Masse. Er trägt vielleicht keine Socken, seine Schuhe aber sind zweifellos italienisch, seine Hemden aus Leinen und seine Pullover aus Kaschmir. Bei der Damenwelt ist er über-aus beliebt und es gelingt dem Charmeur, mehrere Beziehun-gen gleichzeitig zu haben – bis er die Richtige trifft.

BERÜHMTE WAAGE-MÄNNER

Zac Efron, Will Smith und Michael Douglas sind typische charmante Waage-Männer – auf der Leinwand wie im Privatleben. Dies gilt ebenso für den legendären James-Bond-Darsteller Roger Moore und den immer eleganten ehemaligen Eiskunstläufer und Sportmoderator Rudi Cerne. Viel Waage-Charisma strahlen auch die Musiker John Lennon, Ray Charles und Sting aus.

Wer lieb

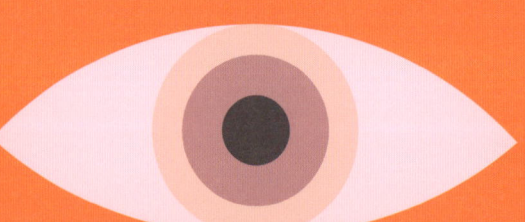

t wen?

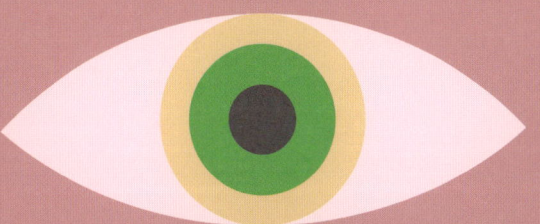

Waage & Widder

Als Luft- und Feuerzeichen können die beiden sich körperlich leicht aneinander entzünden, doch auf Dauer passt die Leidenschaftlichkeit des Widders nicht zur eher zurückhaltenderen Art der Waage.

Waage & Stier

Ihre Liebe zu Kunst und Musik verbindet Waage und Stier und die beiden unter der Herrschaft der Venus stehenden Zeichen schätzen die luxuriösen Seiten des Lebens. Auch erotisch verstehen sie sich gut, doch die Waage kann den Stier als etwas zu bodenständig empfinden.

Waage & Zwillinge

Diese glückliche Kombination hat eine wunderbare Leichtigkeit. Beide lieben es zu flirten, und auch wenn es lange bei Worten bleibt, wird es beiden trotz der ihnen angeborenen Unentschlossenheit am Ende gelingen, sich gegenseitig ins Bett zu locken.

Waage
& Krebs

Das große Bedürfnis des Wasser-
zeichens Krebs nach emotiona-
ler Zuwendung zu befriedigen,
kann für die leichtfüßigere Waage mühsam sein. Dem Krebs ist
zudem die Häuslichkeit deutlich
wichtiger. Die beiden benötigen
viel Austausch, um Missver-
ständnisse zu vermeiden.

Waage
& Löwe

Die taktvolle Waage versteht es,
mit dem heißblütigen Ego des
Löwen umzugehen. Zudem verbindet beide ihre kontaktfreudi-
ge und verspielte Art. Die innere
Zurückhaltung der Waage passt
jedoch nicht ganz zum sinn-
lichen Feuer des Löwen.

Waage
& Jungfrau

Die fröhliche Unbeschwertheit des
Luftzeichens Waage kollidiert mit der
vernunftbetonten Ernsthaftigkeit des
Erdzeichens Jungfrau. Gegensätze
ziehen sich nicht selten an, aber es
erfordert Fingerspitzengefühl, um
sie dauerhaft zu überwinden.

Waage & Skorpion

Die beiden können eine innige Beziehung entwickeln, doch die diplomatische Waage wird sich am berüchtigten Giftstachel des Skorpions stören. Dieser wiederum wird bei der unbekümmerteren Einstellung der Waage zum Sex die Gefühlstiefe vermissen.

Waage & Waage

Auch wenn sie sich auf Anhieb verstehen, fehlt ihrer Verbindung die Tiefe. Sie genießen zuweilen mehr das Gefühl, verliebt zu sein, als dass sie innig für die jeweils andere Person empfinden. Doch für eine dauerhafte Beziehung braucht es mehr als Amors Pfeil.

Waage & Schütze

Zwischen diesen beiden kann es wahrhaft romantisch werden: Der Schütze findet die geistreich-charmante Waage unwiderstehlich, während die reservierte Waage die erfrischend abenteuerlustige Art des Feuerzeichens Schütze als befreiend empfindet.

Waage
& Wassermann

Die beiden Luftzeichen haben sehr viel
gemeinsam. Es sind meist die Experi-
mentierfreude und Neugier des Was-
sermanns, die die Waage zuerst auf
ihn aufmerksam machen. Auf Dauer
kann die beiden eine harmonische
und unerschütterliche Freundschaft
verbinden.

Waage & Fische

Die beiden werden im Nu eine ge-
fühlsmäßige Verbindung empfinden.
Auf Dauer kann die Verträumtheit
der Fische jedoch auf die Waage, die
sich gern mitten ins Leben begibt,
irritierend wirken. Und die Fische
mögen sich missachtet fühlen, wenn
die Waage freudig loszieht.

Waage
& Steinbock

Der realistische Steinbock
versteht es nicht immer gleich,
hinter die extravagante Fassade
der Waage zu blicken. Doch
die gegenseitige erotische
Anziehungskraft ist manchmal
so groß, dass die anfänglichen
Startschwierigkeiten rasch
überwunden werden.

Love-o-meter für die Waage

Am wenigsten kompatibel:

Waage · Steinbock · Krebs · Jungfrau · Löwe · Skorpion

Perfekter Treffer:

Fische Widder Stier Wassermann Zwillinge Schütze

Die Welt der II.

Waage

Dieser Abschnitt führt dich tiefer in die Welt deines Sonnenzeichens. Du erfährst, wie es dich antreiben oder zurückhalten kann, und du kannst anfangen, darüber nachzudenken, wie du dieses Wissen für dich nutzen möchtest.

So wohnt die Waage

Das Zuhause der Waage präsentiert sich aufgeräumt. Lieblingsobjekte – sei es ein Regal mit den Lieblingsbüchern oder ein besonders geschätztes Bild – werden sorgfältig in Szene gesetzt, damit sie bestens zur Geltung kommen. Das Mobiliar ist stets mit großem Bedacht gewählt, ganz gleich, ob von Ikea, nach Maß gebaut oder aus einem Antiquitätengeschäft. Die Waage würde immer ein besonderes Einzelstück, wie einen handgewebten Teppich oder ein getöpfertes Gefäß, einem Massenprodukt vorziehen.

Das Bedürfnis der Waage nach einem harmonischen Umfeld drückt sich auch in der Wahl der Farben aus: zum Beispiel in sorgfältig aufeinander abgestimmten Blautönen. Die Waage genießt die Eleganz ihres Zuhauses, unabhängig davon, ob es sich um ein kleines Appartement oder ein stattliches Anwesen handelt. Sie sieht es als eine Möglichkeit, ihrem ganz persönlichen Stil Ausdruck zu verleihen. Doch die Raumgestaltung spiegelt nicht nur das Harmoniebedürfnis der Waage wider, sondern zuweilen auch die leichte Abgehobenheit des Luftzeichens. Für die rein praktischen Aspekte empfiehlt sich deshalb ein eher bodenständiger Rat.

TIPPS FÜR DIE WAAGE-SELBSTFÜRSORGE

★ Wenn das Grübeln wieder einmal Oberhand gewinnt: Lauf durch den Park oder um den Block.

★ Nach zu viel Trubel sorgt ein Besuch im Kunstmuseum wieder für die nötige Balance.

★ Führe ein Notizbuch, damit du Ideen und Pläne sofort festhalten kannst.

Selbstfürsorge

Man sollte meinen, dass die Waage ihre Gesundheit perfekt im Blick hat: genießt sie doch Saunagänge oder ausgiebige Massagen, was andere als puren Luxus abtun. Doch tatsächlich lebt sie so sehr in ihrer Gedankenwelt, dass körperliche Aktivitäten ein wenig ins Hintertreffen geraten können. So vergisst sie gern, dass sie zum Beispiel bei einem Spaziergang wunderbar den Kopf frei kriegen und so trotz ihrer typischen Unentschlossenheit leichter zu einer Entscheidung gelangen könnte. Die innere Unklarheit kann sogar, wenn sie missachtet wird, zu Ängsten und Depressionen führen. Die Waage tendiert zu der Überzeugung, dass die nötige innere Balance allein über den Kopf hergestellt werden kann. Doch auch sportliche Aktivitäten können hierbei viel bewirken. Hat sie dies einmal erkannt, fällt es der Waage viel leichter, mit einer täglichen Routine in Form von körperlichen Fitnessübungen den häufig allzu beschäftigten Kopf zu entlasten.

Auch ihre Liebe zu Kunst und Musik eröffnet der Waage Möglichkeiten, den Geist zu erfrischen. Nach zu viel Ablenkung muss sie jedoch hin und wieder die Stopp-Taste drücken und sich eine Auszeit nehmen. So kann sie in stressigen Phasen ihre innere und äußere Balance halten sowie gleichzeitig ihre Schlafqualität und ihren Energielevel verbessern.

DIE WAAGE-
SPEISEKAMMER

★ Dinkel statt der üblichen Getrei-
desorten für eine gesunde und
ausgeglichene Ernährung.

★ Ein Pesto mit schwarzer Trüffel,
um schlichter Pasta Eleganz zu
verleihen.

★ Schokolade mit mindestens
75 Prozent Kakaogehalt zum
Kochen (und Naschen).

Kochen und Essen

Was für die Waage in der Küche vor allem zählt, sind die Qualität der Zutaten und das Anrichten der Mahlzeiten. Nicht dass sie das Essen als solches nicht genießen würde, doch besondere Freude macht ihr die Planung eines Festmahls für die Familie oder Freund*innen. Wie alle Luftzeichen kann die Waage perfekt organisieren. Das einzig Schwierige ist für sie zuweilen, über das Menü zu entscheiden! Eins steht fest: Bei der Waage wird immer alles von ausgesuchter Qualität sein. Selbst ein einfaches gekochtes Ei kommt bei ihr fraglos von frei laufenden Hühnern und ist auf die Minute genau gekocht. Und es wäre für die Waage undenkbar, drei Tage alten Toast dazu anzubieten. Entweder ist das Brot selbst gebacken oder wenigstens ein frisches Vollkorn-Sauerteigbrot vom Bio-Bäcker. Wer das Glück hat, von einer Waage zum Essen eingeladen zu werden, kann sich auf ein exquisites Erlebnis freuen: von der hübschen Tischdekoration bis zum köstlichen und appetitlich servierten Menü.

TIPPS FÜR DEN UMGANG MIT GELD

✴ Gib dein Geld nicht sorglos aus. Die nächsten Rechnungen kommen bestimmt.

✴ So schön es sich im Hier und Jetzt lebt: Leg etwas für schlechtere Zeiten zurück.

✴ Hast du nach allem Für und Wider ein passendes Investment gefunden, dann zögere nicht, sondern handle.

Die Waage und das liebe Geld

Geld bedeutet der Waage eigentlich nur deshalb etwas, weil es ihr die Möglichkeit gibt, sich von allem nur das Beste zu leisten. Und auch wenn die Waage zweifellos ein elegantes Zuhause und schöne Dinge über alle Maßen zu schätzen weiß, fehlt ihr zuweilen der Ehrgeiz, sich diese durch harte Arbeit zu verdienen.

Von Natur aus eher vorsichtig, wägt die Waage jeden Kauf und jede Investition sorgfältig ab. Sie verschuldet sich auch nur ungern, und wenn überhaupt, dann nur kurzfristig und perfekt durchkalkuliert. Diese bedachte Art verleiht der Waage eine geschickte Hand in Gelddingen. Und kostbare Dinge wie ein Kunstwerk leistet sich die Waage keinesfalls als Wertanlage, sondern weil ihr das Objekt gefällt (auch wenn es wahrscheinlich eine Wertsteigerung erfahren wird, da die Waage ein gutes Auge für den Kunstmarkt hat).

Die Waage und ihre Vorgesetzten

Wegen ihres Taktgefühls, ihrer Diplomatie und ihrer Redegewandtheit kann die Waage Vorgesetzte mühelos um den Finger wickeln. Doch ihr ausgeprägter Sinn für Fairness verhindert, dass sie dies zu ihrem persönlichen Vorteil nutzt. Sie möchte vielmehr ein harmonisches Miteinander für alle schaffen, weshalb sie im Kollegium häufig als Vermittler*in agiert. Deshalb wird die Waage auch als Mitarbeiter*in und Teamplayer*in sehr geschätzt. Nicht selten steigt sie daher auch zur rechten Hand ihres*r Vorgesetzen auf, der*die ihr hundertprozentig vertraut.

Was die Waage wütend machen kann, ist, wenn sie – oder ein*e Kolleg*in – unfair behandelt wird. Sobald Vorgesetzte gegen Regeln der Gleichbehandlung verstoßen, sei es in Bezug auf das Geschlecht oder die Herkunft, ist die Waage die Erste, die taktvoll, aber nachdrücklich und rechtlich gut informiert darauf aufmerksam macht. Da die Waage auch in solchen Situationen ihr Verhandlungsgeschick unter Beweis stellt, wird sie häufig gewählt, um als Sprecher*in die Interessen aller Kolleg*innen zu vertreten.

TIPPS FÜR DEN UMGANG MIT VORGESETZTEN

* Bemüh dich um Klarheit und verzichte darauf, jedes Argument bis ins letzte Detail darzulegen.

* Mach dir bewusst, dass Harmonie nicht immer über alles geht.

* Respektiere Hierarchien: Vielleicht weißt du es besser, aber Boss ist Boss.

TIPPS FÜR EIN LEICHTERES LEBEN

★ Halte dein Haushaltsbudget ein und verkneife dir unnötige luxuriöse Anschaffungen.

★ Statt alles selber zu erledigen und deswegen frustriert zu sein, erstelle einen Plan und delegiere.

★ Nicht jeder legt Wert darauf, ausgiebig alle Vor- und Nachteile eines Spülmittels zu erörtern!

Wie lebt es sich mit der Waage?

Das Zusammenleben mit der stets nach Harmonie trachtenden Waage sollte eigentlich ganz einfach sein. Nicht selten jedoch möchte sie die Bedingungen für das Zusammenleben ganz allein bestimmen und bei all ihrem Charme und ihrer Diskussionsbereitschaft genießt sie es, am Ende auch recht zu behalten.

Das Zuhause hat für die Waage einen weniger hohen Stellenwert als für viele andere Tierkreiszeichen, doch sie weiß ein angenehmes und edles Ambiente zu schätzen. Und auch wenn ihr materielle Dinge prinzipiell nicht viel bedeuten, möchte sie sich doch nur mit dem Besten umgeben. Es gefällt ihr, die Wohnung mit teuren und kostbaren Dingen einzurichten und sie mag es überhaupt nicht, wenn Mitbewohner*innen ihre Sachen unordentlich verstreuen, was das Zusammenleben mit ihr etwas aufreibend machen kann.

Die Waage mag es sauber und ordentlich, doch um der Harmonie willen würde sie sogar Hausarbeiten, für die eigentlich ein anderer verantwortlich ist, selbst übernehmen, nur um einen Streit zu vermeiden. Ihre Konfliktscheu hat jedoch Grenzen, wenn sie sich ungerecht behandelt fühlt oder allzu heftig provoziert wird. Dann geht selbst die Waage einer Auseinandersetzung nicht länger aus dem Weg.

Waagen und Trennungen

Den im Waage-Sternzeichen Geborenen bedeutet eine Partnerschaft viel und sie sind an der Beziehung selbst oft ebenso interessiert wie an der beteiligten Person. Deshalb, und weil sie nur ungern die Gefühle eines anderen verletzen, halten sie oft an einer Verbindung fest, die eigentlich schon längst vorbei ist.

Eine Trennung fällt immer schwer, aber die Waage möchte zudem noch genau verstehen, *warum* es dazu gekommen ist. Wie andere Luftzeichen auch, versucht sie, Probleme gedanklich zu durchdringen und auf diese Weise Klarheit über ihre Gefühle und die des Partners oder der Partnerin zu erhalten, doch ist dies nicht immer möglich. Eine solche Lektion ist für die Waage nicht leicht, aber sie kann an der Trennung wachsen, egal wer sie herbeigeführt hat.

TIPPS FÜR EINE LEICHTERE TRENNUNG

* Erwarte nicht, dass dein*e Ex über die Gründe der Trennung diskutieren will.

* Lösch die Telefonnummer, um gar nicht auf die Idee zu kommen anzurufen.

* Vergiss nicht, dass sich nach einer Trennung neue Türen öffnen können.

So will die Waage geliebt werden

Das Tierkreiszeichen Waage steht unter der Herrschaft der Liebesgöttin Venus. Für in diesem Zeichen Geborene ist romantische Liebe sehr wichtig. Sie sehnen sich danach, verehrt zu werden, und erwidern diese Verehrung mit Freude. Auch gewinnen sie dadurch an Ausgeglichenheit, die ohne eine Liebesbeziehung ein wenig aus dem Lot geraten kann. Die Waage neigt allerdings dazu, über aller Romantik die prosaischeren Seiten einer Beziehung aus dem Blick zu verlieren (zum Beispiel den Mülleimer wegzubringen). Als typisches Luftzeichen redet die Waage sehr gern und ausführlich über ihre Liebesbeziehung und über die Liebe im Allgemeinen. Als Partner*in ist es nicht immer ganz einfach zu erkennen, wie viel hinter all diesen blumenreichen Worten wirklich steckt. Die Waage sollte deshalb nicht aus dem Blick verlieren, dass am Ende Taten zählen.

Waagen möchten bewundert werden. Sie brauchen diese Anerkennung, weil sie trotz ihrer nach außen lässig wirkenden und kontaktfreudigen Art im Innersten längst nicht immer so selbstbewusst sind, wie sie scheinen. Ihr Wunsch nach Bestätigung hat damit zu tun, dass ihr ständiges Abwägen von Situationen auch Verunsicherungen mit sich bringt. Und obwohl sie ihr ausgeprägt guter Instinkt selten trügt, zögert die Waage zuweilen, ihm zu vertrauen. Indem sie über ihre Beziehung spricht, möchte sie sich rückversichern, dass diese nicht nur eine Illusion, sondern Realität ist.

Darüber hinaus idealisiert die Waage gern alles und jeden und projiziert ihr Wunschdenken auf ihre Partnerschaften, was zu einer gewissen Realitätsferne und zu Enttäuschungen führen kann. Im Innersten ist sie bei ihrer Suche nach wahrer Liebe nicht weniger unsicher und verletzlich als andere auch. Ihr Charme und ihr Glamour mögen sie cool und zuweilen unnahbar erscheinen lassen. Doch wenn sie jemanden findet, vor dem sie diese Maske endlich fallen lassen kann, kommt ein großartiger und liebevoller Mensch zum Vorschein.

TIPPS FÜR DIE LIEBE ZUR WAAGE

✱ Gefühle offen auszusprechen,
  ist das Geheimnis. Stark und
  schweigsam sein, ist zu wenig.

✱ Eine Beziehung kann nur
  von Bestand sein, wenn die
  Romantik lebendig bleibt.

✱ Gutes Aussehen ist etwas,
  das die Waage von sich und
  dir erwartet.

Waagen und Sexualität

Die Waage ist bei der Sexualität nicht auf das rein Körperliche fixiert, für sie ist eine starke geistige Verbindung ebenso wichtig. Schon ein Gespräch über erotische Themen kann sie in Erregung versetzen. Mit der Waage kann Sex wunderbar kreativ und verspielt sein und sie nimmt sich viel Zeit für ihre Verführungskünste und ein ausgiebiges Vorspiel. Da ihre Haut sehr berührungssensibel ist, können Streicheleinheiten und Massagen sie richtig in Fahrt bringen, wobei besonders ihr Rücken und der Po erogene Zonen sind. Die Waage genießt die Erregung des Partners oder der Partnerin genauso wie die eigene und sie liebt es, diese auch zu sehen. Das gemeinsame Erleben der Lust versüßt der Waage die erotische Liebe, was sie als Liebhaber*in wunderbar selbstlos handeln lässt.

Sie erwartet allerdings auch Anerkennung und Lobesworte, die sie nur zu gern aufgreift. Und trotz ihres scheinbar so großen sexuellen Selbstbewusstseins und ihrer Offenheit bezüglich geheimer Wünsche ist sie doch sehr feinfühlig: Derbheit und eine allzu fordernde Haltung können sie ganz schnell abtörnen. Romantische und erotisch anspornende Wortwechsel hingegen feuern die Waage an und machen das Schlafzimmer zu einem Ort flammender Leidenschaft.

Astro-wissen

Dein Sonnenzeichen zeigt dir nie das ganze Bild. In diesem Abschnitt erfährst du, wie du weitere Details deines Geburtshoroskops lesen kannst. Damit öffnest du astrologisch neue Fenster.

Dein Geburts- horoskop

Dein Geburtshoroskop ist ein Schnappschuss eines Moments an einem bestimmten Ort zum genauen Zeitpunkt deiner Geburt. Es gilt demnach nur für dich und ist völlig einzigartig. Es ist wie eine Blaupause, eine Landkarte oder eine Aussage über Begebenheiten, die mögliche Charakterzüge und Einflüsse abbilden – aber es ist nicht dein Schicksal. Dein Geburtshoroskop ist nur ein symbolisches Instrument, auf das du dich beziehen kannst, basierend auf den Planetenkonstellationen bei deiner Geburt. Wer keinen Astrologen aufsuchen mag, kann sich sein Geburtshoroskop in wenigen Minuten online erstellen lassen (siehe auch S. 108). Wenn du deine genaue Geburtszeit nicht kennst, reichen das Datum und der Geburtsort zum Erstellen einer ersten, groben Vorlage.

Denke daran, dass in der Astrologie nichts per se gut oder schlecht ist, wie es auch keine expliziten Zeitangaben oder Vorhersagen gibt: Es ist alles eher eine Frage der Einflüsse und wie sich diese positiv oder negativ auswirken könnten. Und wenn wir eine gewisse Einsicht haben und Instrumente, mit denen wir uns unseren Umständen und unserer Umgebung annähern, sie sehen oder interpretieren können, gibt uns das etwas an die Hand, mit dem wir arbeiten können.

Wenn du dein Geburtshoroskop liest, hilft es, zunächst die Mittel der Astrologie zu betrachten, die dir zur Verfügung stehen. Dazu gehören nicht nur die zwölf Zeichen und das, was sie symbolisieren, sondern auch die zehn Planeten, mit denen die Astrologie arbeitet, und deren Eigenschaften sowie die zwölf Häuser und ihre Bedeutung. Einzeln sind diese Instrumente nur von flüchtigem Interesse, aber wenn man anfängt zu sehen, wie sie eventuell nebeneinanderstehen, wird das größere Ganze zugänglicher und man beginnt, Einsichten zu gewinnen, die nützlich sein können.

Allgemein steht jeder Planet für eine andere Energie. Die astrologischen Zeichen schlagen die Art und Weise vor, in denen sich diese Energien ausdrücken können, und die Häuser stellen Erfahrungsfelder dar, in denen dieser Ausdruck wirksam werden kann.

Als Nächstes kommen die Positionen der Zeichen an vier Schlüsselstellen ins Bild: der Aszendent und sein Gegenüber, der Deszendent; die Himmelsmitte (lat.: *Medium coeli*, kurz MC) und ihr Gegenüber, das *Imum coeli* (IC); dazu die Aspekte, die durch Gruppierungen von Zeichen und Planeten entstehen.

Jetzt kannst du sehen, wie hintergründig das Lesen eines Horoskops sein kann, wie unendlich in seiner Vielfalt und überaus individuell. Mit diesem Wissen und einem praktischen Verständnis für die Symbolik und die Einflüsse der Zeichen, Planeten und Häuser deines Profils kannst du beginnen, diese Instrumente als Hilfe bei Entscheidungen und anderen Lebensaspekten heranzuziehen.

Das Horoskop lesen

In deinem von Hand oder per Onlineprogramm angefertigten Geburtshoroskop siehst du einen Kreis, unterteilt in zwölf Segmente. An verschiedenen Punkten sind Informationen gebündelt. Sie geben die Position jedes Tierkreiszeichens an, in welchem Segment es steht und auf wie viel Grad. Unabhängig von den personenspezifisch relevanten Merkmalen ist jedes Horoskop nach dem gleichen Muster aufgebaut, wenn es um die Auslegung geht.

Auf Grundlage von Geburtszeit, Geburtsort und den Planetenkonstellationen zu diesem Zeitpunkt wird das Geburtshoroskop erstellt, auch Radixhoroskop genannt.

Wenn man sich das Horoskop als Ziffernblatt vorstellt, beginnt das erste Haus (siehe S. 95–99) an der 9. Von diesem Punkt aus wird das Horoskop gegen den Uhrzeigersinn durch alle zwölf Kreissegmente hindurch bis zum zwölften Haus gelesen.

Der Anfangspunkt, die 9, ist auch der Punkt, in dem die Sonne bei deiner Geburt aufging. Dies zeigt dir deinen Aszendenten, dein aufsteigendes Zeichen. Gegenüber, an der 3 des Ziffernblatts, liegt dein absteigendes Zeichen, der Deszendent. Deine Himmelsmitte, das MC, liegt auf der 12, ihr Gegenüber, das IC, auf der 6 (siehe S. 101–102).

Wenn wir die Bedeutung der Eigenschaften der astrologischen Zeichen und Planeten, ihre jeweiligen Energien und Positionen sowie die Aspekte zwischen ihnen verstehen, kann dies helfen, uns selbst und die Beziehung zu anderen zu begreifen. Auch im täglichen Leben hilft astrologisches Grundwissen, die wechselnden Planetenkonfigurationen und ihre Auswirkungen besser einzuordnen, genau wie die wiederkehrenden Muster, durch die Chancen und Möglichkeiten mal verringert und mal vermehrt werden können. Mit diesen Einflüssen zu leben und nicht gegen sie, kann das Leben leichter und letztlich auch erfüllter machen.

Der Mond-effekt

Wenn dein Sonnenzeichen dein Bewusstsein, deine Lebenskraft und deinen individuellen Willen symbolisiert, dann steht der Mond für die Seite deiner Persönlichkeit, die du eher geheim oder versteckt hältst. Er ist das Reich des Instinkts, der Intuition, der Kreativität und des Unbewussten, das dich emotional an neue, manchmal nur schwer zu verstehende Orte führt. Dieser Effekt verleiht einer Person Feinheiten und Nuancen, weit über ihr Sonnenzeichen hinaus. So magst du deine Sonne in der Waage haben, mit allem, was das bedeutet, doch gleicht sie vielleicht ein freigeistiger und energiegeladener Mond im Widder aus. Oder du hast deine Sonne im offenherzigen Löwen, aber den Mond im Wassermann, mit all seiner rebellischen, emotionalen Distanziertheit.

Die Mondphasen

Der Mond kreist in rund 28 Tagen um die Erde. Wie viel wir von ihm sehen, hängt davon ab, wie viel Sonnenlicht er reflektiert. Dadurch scheint er zu- und abzunehmen. Bei Neumond beleuchtet die Sonne nur ein kleines Stück. Je mehr er zunimmt, desto mehr Licht reflektiert er. Er wird von der Sichel zum zunehmenden Sichelmond und zum ersten Viertel; dann zum zunehmenden Dreiviertelmond und zum Vollmond. Danach nimmt er ab, erst zum abnehmenden Dreiviertelmond, dann zum letzten Viertel. Der Zyklus beginnt erneut. All dies geschieht in einem Zeitraum von vier Wochen. In manchen Kalendermonaten gibt es sogar zwei Vollmonde – *Blue Moon* heißt der zweite im Englischen.

Der Mond bewegt sich jeden Monat auch durch ein neues Tierkreiszeichen, wie wir von unserem Geburtshoroskop wissen. Auch dies bringt uns Informationen: Ein Mond im Skorpion kann ganz anders wirken als ein Steinbock-Mond und je nach dem persönlichem Horoskop kann dies monatlich einen wechselnden Einfluss haben. Wenn in deinem Geburtshoroskop der Mond zum Beispiel in der Jungfrau steht, wird der tatsächliche Mond einen zusätzlichen Einfluss bringen, wenn er in die Jungfrau wandert. Weitere Informationen hierzu findest du auf den Seiten zu den Tierkreiszeichen (siehe S. 12–17).

Der Mondzyklus hat einen energetischen Effekt, den man gut an den Gezeiten erkennen kann. Da der Mond ein Fruchtbarkeitssymbol ist und für unsere tiefere, psychologische Seite steht, können wir dies aus astrologischer Sicht nutzen, um uns eingehender und kreativer auf die Lebensaspekte zu konzentrieren, die uns wichtig sind.

Eklipsen

Allgemein gesagt verschleiert eine Eklipse (Finsternis) Situationen und verhindert, dass Licht auf sie fällt. Astrologisch gesehen ist hierbei wichtig, wo Sonne oder Mond zum Zeitpunkt der Eklipse im Verhältnis zu anderen Planeten stehen. So wird eine Sonnenfinsternis in den Zwillingen einen Zwillinge-Einfluss mit sich bringen oder Zwillinge beeinflussen.

Wenn ein Lebensbereich versteckt oder ins Licht gerückt wird, ist dies eine Einladung, ihm Aufmerksamkeit zu schenken. Bei Eklipsen geht es im Allgemeinen um den Anfang oder das Ende einer Sache. Früher hielt man sie für Omen, wichtige Zeichen, die man beachten musste. Da man Eklipsen berechnen kann, werden sie astronomisch kartiert. Ihre astrologische Bedeutung kann somit im Voraus eingeschätzt werden und man kann deshalb auch im Voraus darauf reagieren.

Die zehn Planeten

In der Astrologie sprechen wir von zehn Planeten (allerdings nicht in der Astronomie, da die Sonne eigentlich ein Stern ist). Jedem Sternzeichen ist ein Herrscherplanet zugeordnet; Merkur, Venus und Mars regieren je zwei Zeichen. Die Eigenschaften der Planeten beschreiben diejenigen Einflüsse, die auf die Zeichen wirken können. Die Gesamtheit dieses Wissens fließt in die Auslegung eines Geburtshoroskops ein.

Mond

Dieses Zeichen formt ein Gegenprinzip
zur Sonne und bildet ein Paar mit ihr.
Er verkörpert das Weibliche und steht
für Geborgenheit und Empfänglichkeit
und dafür, wie wir instinktiv und
gefühlsmäßig reagieren.

Herrscher von Krebs

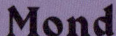

Sonne

Verkörpert das Männliche. Sie gilt
als lebensentfachende Energie,
was auf eine väterliche Energie
im Geburtshoroskop hindeutet.
Die Sonne symbolisiert unser
Selbst oder unseren Wesenskern
und unsere Bestimmung.

Herrscher von Löwe

Merkur

Der Planet der Kommunikation.
Symbolisiert den Drang, die
Gedanken durch Worte zu ver-
stehen und mitzuteilen.

Herrscher von Zwillinge und Jungfrau

Venus

Der Planet der Liebe. Hier geht es um Anziehung, Verbundenheit und Lust. Im Horoskop einer Frau symbolisiert er ihren weiblichen Stil, im Horoskop eines Mannes seine*n ideale*n Partner*in.

Herrscher von Stier und Waage

Mars

Dieser Planet symbolisiert Energie pur (Mars ist der Gott des Krieges), zeigt aber auch, in welchen Bereichen wir am ehesten durchsetzungsfähig, aggressiv oder risikobereit sind.

Herrscher von Widder und Skorpion

Saturn

Wird manchmal der weise Lehrer oder
Lehrmeister der Astrologie genannt.
Er symbolisiert gelernte Lektionen und
Grenzen und zeigt uns den Wert
von Entschlossenheit, Zähigkeit
und Widerstandsfähigkeit.

Herrscher von Steinbock

Jupiter

Der größte Planet unseres Sonnen-
systems. Symbolisiert Freigebigkeit
und Wohltätigkeit, alles, was expansiv
und heiter ist. Wie bei dem Zeichen,
über das er herrscht, geht es auch darum, sich auf Reisen und Erkundungen
von zu Hause wegzubewegen.

Herrscher von Schütze

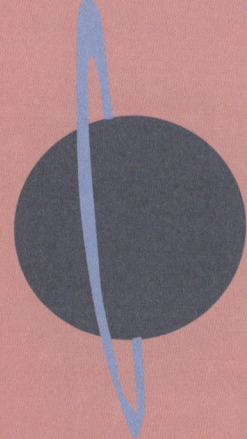

Uranus

Symbolisiert das Unerwartete, neue
Ideen und Innovation; den Drang,
das Alte niederzureißen und das
Neue einzuführen. Der Nachteil kann
eine Unfähigkeit sein, sich einzu-
fügen, und somit das Gefühl,
ein Außenseiter zu sein.

Herrscher von Wassermann

Pluto

Dem Hades (lat.: *Pluto*), Gott der
Unterwelt oder Toten, zugeordnet,
übt dieser Planet eine mächtige Kraft
aus, die unter der Oberfläche liegt und
die in ihrer negativsten Ausprägung
für Obsessionen und zwanghaftes
Verhalten stehen kann.

Herrscher von Skorpion

Neptun

Mit dem Meer verbunden, steht er
für die unterhalb liegenden Dinge,
unter Wasser und zu tief, um klar erkannt zu werden. Sensibel, intuitiv
und künstlerisch, symbolisiert er die
Fähigkeit, bedingungslos zu lieben,
zu verzeihen und zu vergessen.

Herrscher von Fische

Die vier Elemente

Die Unterteilung der zwölf Sternzeichen in die Elemente Erde, Feuer, Luft und Wasser liefert noch weitere Eigenschaften. Sie wurzelt in der altgriechischen Medizin, die lehrte, dass der Körper aus vier Körperflüssigkeiten oder „-säften" bestand: Blut, gelbe und schwarze Gallenflüssigkeit sowie Schleim. Sie entsprachen den vier Temperamenten sanguinisch, melancholisch, cholerisch und phlegmatisch, den vier Jahreszeiten Frühling, Sommer, Herbst und Winter und den vier Elementen Luft, Feuer, Erde und Wasser.

In der Astrologie beschreiben diese symbolischen Eigenschaften weitere Aspekte der unterschiedlichen Zeichen. C. G. Jung verwendete sie in seiner Psychologie und noch heute bezeichnen wir Menschen in ihrer Lebenseinstellung zum Beispiel als feurig oder luftig oder sagen, sie seien „in ihrem Element". In der Astrologie heißt es, dass Sonnenzeichen des gleichen Elements eine Affinität oder ein Verständnis füreinander haben.

Wie immer in der Astrologie gibt es hierbei Positives und Negatives. Das Wissen um eine „Schattenseite" kann in Bezug auf die Selbsterkenntnis hilfreich sein und auf das, was man vielleicht verbessern oder ausgleichen sollte, besonders im Umgang mit anderen.

Luft

ZWILLINGE ✳ WAAGE ✳ WASSERMANN

Diese Zeichen glänzen im Reich der Ideen. Scharfsinnig und visionär, dabei in der Lage, das große Ganze zu sehen, haben Luftzeichen eine reflektierende Qualität, die Situationen entspannen kann. Zu viel Luft kann Absichten zerstreuen, was Zwillinge unentschlossen machen, die Waage zum Zaudern bringen und den Wassermann teilnahmslos erscheinen lassen kann.

Feuer

WIDDER ✳ LÖWE ✳ SCHÜTZE

Diese Zeichen umgibt Wärme und Energie, eine positive Herangehensweise, Spontaneität und Enthusiasmus, die andere sehr inspirieren und motivieren kann. Nachteilig kann sein, dass der Widder sich gern kopfüber in Sachen stürzt, der Löwe viel Aufmerksamkeit braucht und der Schütze viel redet, aber nichts liefert.

Erde

STIER ✱ JUNGFRAU ✱
STEINBOCK

Typischerweise genießen
Erdzeichen sinnliche Freuden,
Essen und andere körperliche
Befriedigungen. Sie fühlen
sich gern geerdet und lassen
Taten für ihre Ideen sprechen.
Der Nachteil ist, dass Stier-
Geborene dickköpfig sein
können, Jungfrauen pingelig
und Steinböcke verbissen
konservativ.

Wasser

KREBS ✱ SKORPION ✱
FISCHE

Wasserzeichen sind sehr
reaktionsfreudig, wie die
Gezeiten mit Ebbe und Flut,
dazu aufmerksam und intuitiv – manchmal sogar über die
Maßen, wegen ihrer besonderen Fähigkeit zu fühlen. Der
Nachteil ist eine Tendenz, sich
überfordert zu fühlen. Dies
kann den Krebs so hartnäckig
wie selbstschützend werden
lassen, Fische wechselhaft in
ihrer Aufmerksamkeit und
den Skorpion unberechenbar
und intensiv.

Kardinale, fixe und veränderliche Zeichen

Zusätzlich zur Unterteilung in die vier Elemente sind die Sternzeichen auch noch auf drei andere Arten gruppiert, die verdeutlichen, wie ihre Energien agieren oder reagieren können. Dies verleiht ihren besonderen Eigenschaften weitere Tiefe.

Kardinal

WIDDER ✳ KREBS ✳ WAAGE ✳ STEINBOCK

Kardinalzeichen sind aktive Zeichen mit der Energie, die Initiative zu ergreifen und Dinge in Gang zu setzen. Der Widder hat die Vision, der Krebs die Gefühle, die Waage die Kontakte und der Steinbock die Strategie.

Fix

STIER ✳ LÖWE ✳ SKORPION ✳ WASSERMANN

Langsamer, aber entschlossener arbeiten diese Zeichen, um voranzukommen; sie halten das am Laufen, was die kardinalen Zeichen initiiert haben. Der Stier bietet körperlichen Komfort, der Löwe Loyalität, der Skorpion emotionale Unterstützung und der Wassermann guten Rat. Auf fixe Zeichen ist Verlass, doch haben sie die Tendenz, sich gegen Veränderungen zu wehren.

Veränderlich

ZWILLINGE ✳ JUNGFRAU ✳ SCHÜTZE ✳ FISCHE

Anpassungsfähig und neuen Ideen, Orten und Menschen gegenüber aufgeschlossen, können sich veränderliche Zeichen leicht auf ihre Umgebung einstellen. Zwillinge sind geistig beweglich, die Jungfrau praktisch und vielseitig. Der Schütze visualisiert Möglichkeiten und die Fische sind empfänglich für Wandel.

Die zwölf Häuser

Das Geburtshoroskop ist in zwöf Häuser unterteilt, die für unterschiedliche Lebensbereiche und -funktionen stehen. Wenn man dir sagt, dass du ein Zeichen in einem bestimmten Haus hast – zum Beispiel die Waage (Gleichgewicht) im fünften Haus (Kreativität und Sexualität) –, kannst du diese Einflüsse interpretieren im Hinblick auf ganz spezifische Hinweise dafür, wie du einen Aspekt deines Lebens angehen könntest.

Jedes Haus ist mit einem Sonnenzeichen, seinem „natürlichen Herrscher", verknüpft und wird so durch Eigenschaften dieses Zeichens repräsentiert.

Drei der Häuser gelten als mystisch und beziehen sich auf unsere innere, übersinnliche Welt: das vierte (Zuhause), das achte (Tod und Wiedergeburt) und das zwölfte (Geheimnisse).

1. Haus

DAS SELBST

BEHERRSCHT VON WIDDER

Haus deiner Persönlichkeit: dein Selbst, wer du bist und wie du dich
darstellst, deine Vorlieben, Abneigungen und Lebenseinstellungen. Es
beschreibt auch, wie du dich selbst siehst und was dein Ziel im Leben ist.

2. Haus

BESITZ

BEHERRSCHT VON STIER

Haus deiner Besitztümer. Es
zeigt, was dir gehört, einschließlich
Geld, wie du dein Einkommen
verdienst; deine materielle
Sicherheit und die reellen
Dinge, die dich auf deinem
Lebensweg begleiten.

3. Haus

KOMMUNIKATION

BEHERRSCHT VON ZWILLINGE

In diesem Haus geht es um
Kommunikation und Geisteshaltung,
vor allem darum, wie du dich aus-
drückst. Es beschreibt auch deine
Beziehung zu deiner Familie, deinen
Weg in der Schule oder im Beruf
und wie du denkst, sprichst,
schreibst und lernst.

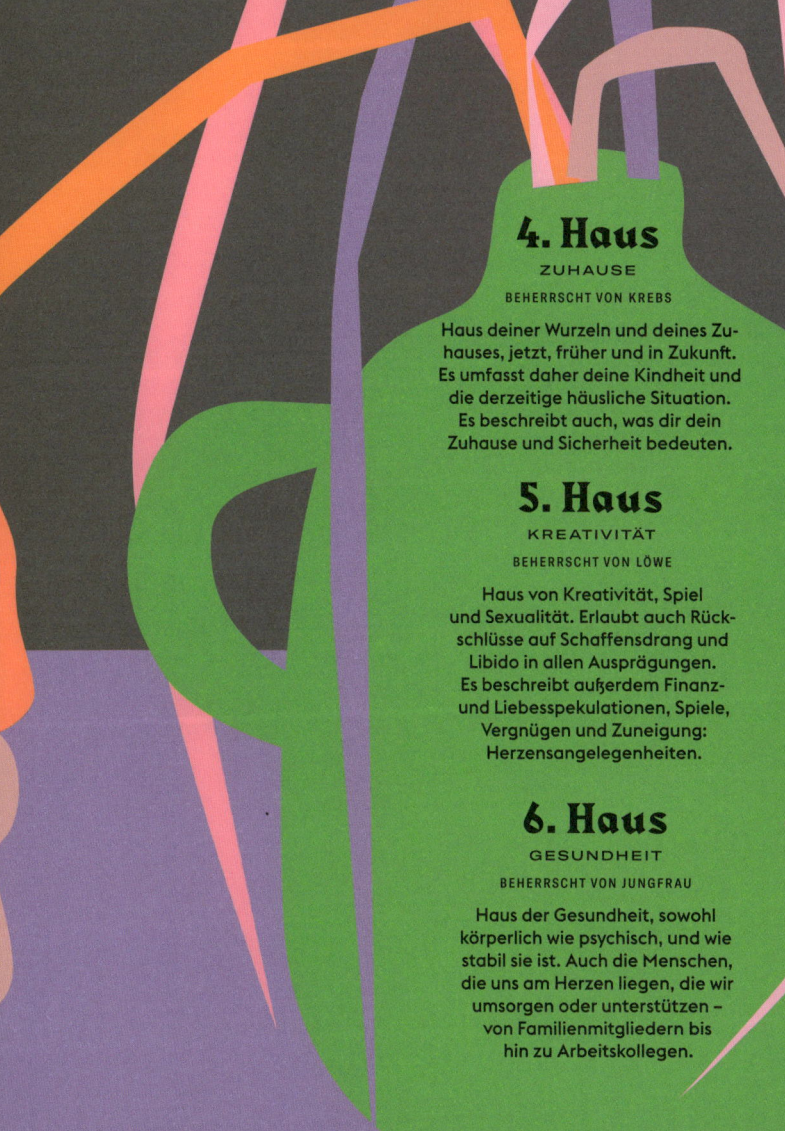

4. Haus

ZUHAUSE

BEHERRSCHT VON KREBS

Haus deiner Wurzeln und deines Zuhauses, jetzt, früher und in Zukunft. Es umfasst daher deine Kindheit und die derzeitige häusliche Situation. Es beschreibt auch, was dir dein Zuhause und Sicherheit bedeuten.

5. Haus

KREATIVITÄT

BEHERRSCHT VON LÖWE

Haus von Kreativität, Spiel und Sexualität. Erlaubt auch Rückschlüsse auf Schaffensdrang und Libido in allen Ausprägungen. Es beschreibt außerdem Finanz- und Liebesspekulationen, Spiele, Vergnügen und Zuneigung: Herzensangelegenheiten.

6. Haus

GESUNDHEIT

BEHERRSCHT VON JUNGFRAU

Haus der Gesundheit, sowohl körperlich wie psychisch, und wie stabil sie ist. Auch die Menschen, die uns am Herzen liegen, die wir umsorgen oder unterstützen – von Familienmitgliedern bis hin zu Arbeitskollegen.

7. Haus

PARTNERSCHAFT

BEHERRSCHT VON WAAGE

Der Gegenpol des ersten Hauses. Es spiegelt gemeinsame Ziele und enge Partnerschaften, unsere Wahl des*der Lebenspartner*in und wie erfolgreich unsere Beziehungen sein können. Es beschreibt auch Partnerschaften und Feindschaften im Berufsleben.

8. Haus

WIEDERGEBURT

BEHERRSCHT VON SKORPION

Das Haus steht für den Tod als Wiedergeburt oder spirituelle Transformation. Beschreibt auch Vermächtnisse und das, was du an Persönlichkeitsmerkmalen oder materiell erben wirst. Und da Wiedergeburt Sex braucht, geht es in diesem Haus auch um Sex und sexuelle Gefühle.

9. Haus

REISEN

BEHERRSCHT VON SCHÜTZE

Haus der Fernreisen und Entdeckungsfahrten; es geht auch um die Erweiterung des Horizonts, den das Reisen bringen kann, und wie sich dies ausdrückt. Beschreibt das Verbreiten von Ideen, zum Beispiel in literarischen Werken oder Veröffentlichungen.

11. Haus

FREUNDSCHAFTEN

BEHERRSCHT VON WASSERMANN

Haus der Freundesgruppen und
Bekannten, Visionen und Ideen.
Es geht weniger um unmittelbare
Befriedigung, sondern um lang-
fristige Träume und wie diese durch
unsere Fähigkeit, harmonisch mit
anderen zusammenzuarbeiten,
erreicht werden können.

12. Haus

GEHEIMNISSE

BEHERRSCHT VON FISCHE

Gilt als spirituellstes Haus. Das Haus
des Unbewussten, der Geheimnisse
und dessen, was verborgen ist;
die „Leiche im Keller". Spiegelt
auch die geheimen Wege, auf
denen wir uns selbst sabotieren oder
unsere Kräfte kleinhalten, indem
wir sie nicht ausschöpfen.

10. Haus

BERUFUNG

BEHERRSCHT VON STEINBOCK

Repräsentiert das, wonach wir
streben, und unseren Satus; wie wir
öffentlich angesehen sein wollen
(oder nicht), unsere Ambitionen,
unser Image und was wir im Leben
aus eigener Kraft erreichen wollen.

Der Aszendent

Der Aszendent, auch als aufsteigendes Zeichen bekannt, ist das Tierkreiszeichen, das am Tag deiner Geburt am östlichen Horizont erschien, je nachdem, an welchem Ort und zu welcher Zeit dies passierte. Er liefert Informationen über die Aspekte deines Charakters, die sich mehr nach außen hin offenbaren, wie du dich präsentierst und von anderen gesehen wirst.

Die Geburtszeit zu kennen, ist somit ein nützlicher Faktor in der Astrologie. Selbst wenn dein Sonnenzeichen Waage ist, kannst du also mit aufsteigendem Krebs mütterlich wirken und dich auf die eine oder andere Weise spürbar für das häusliche Leben engagieren.

Dein Aszendent – oder der anderer Personen – hilft oft auch zu erklären, warum die eigene Persönlichkeit so wenig mit dem Sonnenzeichen zusammenzupassen scheint.

Wenn du deine Geburtszeit und deinen Geburtsort weißt, kannst du deinen Aszendenten problemlos online oder in einer App ausrechnen lassen (siehe S. 108). Frage einfach deine Mutter oder andere Familienmitglieder danach. Manchmal steht die Geburtszeit auch in der Geburtsurkunde. Wenn du dir das Horoskop als Ziffernblatt vorstellst, ist der Aszendent auf der Neun-Uhr-Position zu sehen.

Der Deszendent

Der Deszendent weist auf einen möglichen Lebenspartner hin, basierend auf der Vorstellung, dass Gegensätze sich anziehen. Wenn du deinen Aszendenten kennst, ist der Deszendent leicht zu berechnen, da er genau sechs Zeichen entfernt ist: Bei einem Jungfrau-Aszendenten wäre der Deszendent also Fische. Wenn du dir das Horoskop als Ziffernblatt vorstellst, ist der Deszendent auf der Drei-Uhr-Position zu sehen.

Die Himmelsmitte (MC)

Auf deinem Geburtshoroskop ist auch die Himmelsmitte eingezeichnet (MC, von lat.: *Medium coeli*). Sie weist auf deine Einstellung zu Arbeit, Beruf und beruflichem Ansehen hin. Wenn du dir das Horoskop als Ziffernblatt vorstellst, ist das MC auf der Zwölf-Uhr-Position eingezeichnet.

Die Himmelstiefe (IC)

Dann gibt es noch das IC in deinem Horoskop (von lat.: *Imum coeli*, „Himmelstiefe"). Es weist auf deine Haltung gegenüber deinem Zuhause und deiner Familie hin und hat auch einen Bezug zum Ende deines Lebens. Das IC ist sechs Zeichen vom MC entfernt. Wenn dein MC Wassermann ist, ist dein IC Löwe. Wenn du dir das Horoskop als Ziffernblatt vorstellst, ist das IC auf der Sechs-Uhr-Position eingezeichnet.

Rückläufiger Saturn

Saturn ist einer der langsamsten Planeten: Er braucht 28 Jahre, um einmal um die Sonne zu kreisen und an den Punkt zurückzukehren, an dem er zum Zeitpunkt deiner Geburt stand. Diese Rückkehr kann sich über zwei bis drei Jahre erstrecken und macht sich oft in den Zeiten um deinen 30. und 60. Geburtstag stark bemerkbar, die oft als bedeutende „Meilensteine" gelten.

Da die Saturnenergie bisweilen als anstrengend empfunden wird, sind das nicht immer leichte Lebensabschnitte. Saturn gilt als weiser Lehrer oder harter Lehrmeister: Der Saturneffekt wird oft als „zum Glück zwingen" empfunden – so wie viele gute Lehrer argumentieren. Er hält uns wie ein strenger Personal Coach auf der Spur.

Die Saturnrückkehren erlebt jeder Mensch individuell. Sie sind immer eine gute Zeit, Bilanz zu ziehen, Dinge im Leben loszulassen, die einem nicht mehr nutzen, die Erwartungen zu revidieren und ohne Ausreden das im Leben aufzunehmen, von dem man gern mehr hätte. Wenn du also dieses Lebensereignis gerade erlebst oder erwartest, solltest du es begrüßen und damit arbeiten. Denn was du jetzt lernst – vor allem über dich selbst –, ist wissenswert, so turbulent es auch sein mag. Es kann sich für die nächsten 28 Jahre lohnen!

Rückläufiger Merkur

Selbst Menschen mit wenig Interesse an Astrologie bemerken es oft, wenn der Planet Merkur rückläufig ist. Als „Rückläufigkeit" bezeichnet man Zeiten, in denen Planeten wie der Merkur stationär sind, aber sich in die Gegenrichtung zu bewegen scheinen, weil die Erde sich weiterdreht. Vorher und nachher kommt es zu einer „Schattenperiode", die auch etwas turbulent sein kann. Der Planet scheint dabei erst langsamer und dann wieder schneller zu werden. Generell ist es ratsam, während der Rückläufigkeit keine wichtigen Schritte in Bezug auf Kommunikation zu unternehmen. Und wenn doch, sollte man im Kopf haben, dass sie sich später wieder ändern können.

Da Merkur der Planet der Kommunikation ist, zeigt sich schnell, warum seine Rückläufigkeit und ihre Verbindung mit Kommunikationsfehlern problematisch ist: zum Beispiel auf altmodische Weise, wenn ein Brief in der Post verloren geht, oder moderner, wenn der Computer abstürzt.

Ein rückläufiger Merkur kann auch das Reisen beeinträchtigen und es gibt Flug- oder Zugverspätungen, Staus oder Unfälle.

Dazu beeinflusst er die persönliche Kommunikation: Hören, Sprechen, (Nicht-)Gehört-Werden. Dies kann Durcheinander oder Streit verursachen. Er kann sich auch auf formellere Vereinbarungen wie Kaufverträge auswirken.

Merkur ist drei- bis viermal pro Jahr über etwa drei Wochen rückläufig, mit Schattenperioden vorher und nachher. Die Zeitrahmen seiner Rückläufigkeiten bedeuten auch, dass sie in einem bestimmen Sternzeichen passieren. Wenn er zum Beispiel zwischen 25. Oktober und 15. November rückläufig wäre, würde sein Effekt Skorpion-Eigenschaften haben. Auch Menschen mit Skorpion-Sonne oder einem starken Skorpion-Aspekt in ihrem Geburtshoroskop könnten stärker betroffen sein.

Die Termine, zu denen der Merkur rückläufig ist, findet man online, in astrologischen Tabellen oder Ephemeriden. Hier kann man sehen, ob man diese Zeiten für die Planung von Ereignissen meiden sollte, da sie potenziell betroffen sein könnten. Um festzustellen, wie der rückläufige Merkur dich persönlich angehen könnte, musst du dein Geburtshoroskop kennen und dessen spezifischere Kombinationen aus Zeichen- und Planeteneinflüssen.

Wenn du leichter durch einen rückläufigen Merkur kommen willst, sollte dir bewusst sein, dass Pannen passieren können. Rechne also mit Verzögerungen und überprüfe Details lieber doppelt. Bleibe angesichts von Verzögerungen positiv gestimmt und nimm solche Zeiten als Chance für Entschleunigung. Blicke zurück oder überdenke Ideen in Beruf oder Privatleben. Nutze die Zeit, um Fehler zu korrigieren oder Pläne umzugestalten, damit du vorbereitet bist, wenn sich die festgefahrene Energie erneut bewegt und du wieder fließender vorankommst.

Lesetipps

Die zwölf Archetypen: Tierkreiszeichen und Persönlichkeitsstruktur (2011) von Brigitte Hamann; erschienen bei KnaurMensSana

Astrologie für Dummies (2020) von Rae Orion; erschienen bei Wiley-VCH Verlag GmbH & Co. KGaA

Astrologie für den Alltag (2021) von Carole Taylor; erschienen bei DK Verlag Dorling Kindersley

Das Astrologiebuch (2004) von Michael Roscher; erschienen im bei Chiron

Webseiten

astro.com

astrologyzone.com

jessicaadams.com

shelleyvonstrunkel.com

Apps

Astrostyle

Co-Star

Susan Miller's Astrology Zone

The Daily Horoscope

The Pattern

Time Passages

Danksagung

Mein besonderer Dank geht an mein treues Stier-Team. Zuerst an Kate Pollard, Publishing Director bei Hardie Grant: für ihre Leidenschaft für schöne Bücher und für die Beauftragung dieser Reihe. An Bex Fitzsimons für ihr gutlauniges, gründliches Redigieren. Und schließlich an Evi O. Studio, deren Illustrationen und Design kleine Kunstwerke entstehen ließen. Mit einer solchen „Sternenbesetzung" können diese Bücher nur glänzen – dafür sage ich Danke!

Über die Autorin

Stella Andromeda arbeitet seit über
30 Jahren als Astrologin. Sie ist davon
überzeugt, dass die Kenntnis der Himmelskonstellationen und deren Potenzials
psychologischen Interpretationen ein
wertvolles Instrument bieten kann. Die Ver-
mittlung ihres Wissens in dieser Buchform
macht moderne Erkenntnisse über uralte
astrologische Weisheiten leicht zugänglich
und begeistert für Stella Andromedas
Haltung, dass Reflexion und Selbsterkenntnis uns im Leben nur stärker machen. Mit
ihrem Sonnenzeichen Stier, dem Aszendenten im Wassermann und einem Mond im
Krebs lässt sie sich auf ihrer astrologischen
Reise von Erde, Luft und Wasser inspirieren.

Text © Stella Andromeda
Illustrationen © Evi O. Studio

Für die deutsche Ausgabe:
Satz und Redaktion: bookwise GmbH
Übersetzung: Martina Walter und Alexander Bick
Gesamtherstellung: Leo Paper Products Ltd.

Aus Verantwortung für die Umwelt hat sich die Verlagsgruppe Droemer Knaur zu einer nachhaltigen Buchproduktion verpflichtet. Der bewusste Umgang mit unseren Ressourcen, der Schutz unseres Klimas und der Natur gehören
zu unseren obersten Unternehmenszielen. Gemeinsam mit unseren Partnern und Lieferanten setzen wir uns für
eine klimaneutrale Buchproduktion ein, die den Erwerb von Klimazertifikaten zur Kompensation des CO2-Ausstoßes
einschließt. Weitere Informationen finden Sie unter: www.klimaneutralerverlag.de

MIX
Paper from
responsible sources
FSC™ C020056